Johann Gottlieb Langsdorf

Über die neue französische Konstitution und Ermahnungen

an die Bewohner der deutschen Rheinufers

Johann Gottlieb Langsdorf

Über die neue französische Konstitution und Ermahnungen an die Bewohner der deutschen Rheinufers

ISBN/EAN: 9783743606999

Hergestellt in Europa, USA, Kanada, Australien, Japan

Cover: Foto ©Andreas Hilbeck / pixelio.de

Weitere Bücher finden Sie auf **www.hansebooks.com**

Ueber die neue

französische Constitution

und

Ermahnungen

an die Bewohner
der deutschen Rheinufer
zu einem zwekmäsigen Verhalten bei
ißigen Kriegszeiten.

Von

Johann Gottlieb Aemilius Langsdorf

Fürstlich Nassau - Usingischen Rath und
Amtmann zu Lahr im
Breisgau.

Deutschland,
in allen Buchhandlungen.
1 7 9 4.

Rede

welche von dem Fürstl. Rath und Amtmann
Langsdorf zu Lahr an dasige Bürgerschaft
auf dem Rathhaus den 6. Febr. 1794 gehalten
worden, bei Gelegenheit, als der neu erwählte
und gnädigst confirmirte Stadt-Rath in Ge-
genwart der Bürger installirt und verpflichtet
wurde.

Wohlehrsame Bürger
Liebe Freunde!

Wir leben dermalen in kritischen Zeiten und
befinden uns in Verhältnißen, die in mehr als
einem Betracht sehr bedenklich sind, dann wir
wissen nicht, ob wir wegen der Zukunft etwas
schlimmers befürchten sollen, oder etwas bessers
hoffen dürfen. Es wird solchemnach meines Er-
messens nicht unzwekmäßig seyn, wann wir bei
heutiger Burger-Versammlung uns hiervon un-
terhalten. Zwar werd' ich Euch nichts sagen,

A 2

das Euch nicht schon bekannt wäre, aber doch
vielleicht manchen Anlaß geben, daß er den Begebenheiten, die wir um uns sehen und die sich
in unsrer Nähe ereignen, mit mehrerer Auf-
merksamkeit nachdenke, als bisher nicht geschehen
seyn mag.

Seit beinah 4 Jahren hat die französische
Nation, deren Grenzen von den unsrigen nur
durch den nahen Rhein getrennt sind, angefangen, eine neue Regierungsform in ihrem Reich zu
bilden. Diejenige, welche zuerst als Repräsentan-
ten dieser volkreichen Nation, welche damals auf
26 Millionen Menschen gerechnet wurde, das
eben so wichtige, als schwere Geschäft auf sich
nahmen, eine neue Staatsverfassung zu entwerfen, waren Männer, welchen man Wissenschaft
und Gelehrsamkeit nicht absprechen konnte, die
aber meistens in der eigentlichen Staats- und
Regierungskunst weder Kenntnisse noch Erfahrung
besaßen, denen also die nothwendigste Wissenschaft
fehlte, um eine neue Regierungsform zu schaffen.
Sie bildeten also nach ihren Einsichten ein System, das auf die natürliche angebohrne Rechte
der Menschen gegründet seyn sollte. Freiheit und
Gleichheit waren die Haupt-Säulen, auf welchen
das neu aufzuführende große Gebäude ruhen sollte.
Nach solchen Grundsäzzen entwarfen sie eine Constitution, mit welcher sie nicht nur der französischen Nation das größte Glück versprachen, son-

dern auch alle Völker des ganzen Erdbodens ein-
luden, sich ein gleiches Glück zu erwerben und
ihnen hierzu allen Schutz, Hilfe und Beistand
anboten. Wirklich fand diese Constitution anfänglich großen Beifall, dann die Wörter: Freiheit und Gleichheit klangen so lieblich in aller
Ohren, daß fast Jedermann dadurch bezaubert
wurde. Freiheit und Gleichheit war das allgemeine und große Losungswort, das durch alle
Provinzen des Reichs ertönte und das man überall mit Jubelgeschrei erschallen hörte.

Allein Männer von Einsicht und welche mit
der Regierungskunst besser bekannt waren, erklärten, daß die ganze Constitution nichts anders sei,
als ein Roman, der zwar schön und angenehm
zu lesen, aber nicht auszuführen wäre. Und die
Erfahrung hat zur Genüge bewiesen, daß ihr
Urtheil nicht ungegründet war. An den Früchten
soll man den Baum erkennen, indem es nicht
möglich ist, daß man nicht Trauben lesen könne,
von den Dornen, oder Feigen von Disteln. Ein
guter Baum kann nicht schlechte Früchte bringen
und ein fauler Baum kann nicht gute Früchte
bringen. Die Früchte der neuen Constitution
müssen uns also lehren, ob sie gut sei oder nicht?
Und welches sind dann nun die herrlichen Früchte
dieser Constitution, die so viel Aufsehen machte
und fast allgemeinen Beifall in- und außerhalb
Frankreich fand? O sie sind Euch alle bekannt

lieben Freunde und ich darf Euch nur an das erinnern, was Ihr alle oft in den öffentlichen Blättern gelesen habt und an die Auftritte und Begebenheiten, die so zu sagen, unter Euern Augen sich zugetragen haben.

Laßt uns nun zuerst sehen, wie sie sich beim Einbruch in fremde Länder gegen deren Bewohner, hiernächst aber auch, wie sie sich in ihrem eignen Reich gegen einander selbst betragen haben.

Die Stellvertreter der französischen Nation erklärten gleich anfangs, daß sie nicht gegen Bürger und Bauern, die sich ruhig verhalten würden, streiten, sondern nur gegen die Fürsten und Gewaltige Krieg führen wollten. Der Wahlspruch, dessen sie sich bedienten, hieß: Krieg den Fürsten und Schlössern, Friede den Unterthanen und Hütten! Eine solche öffentliche Erklärung mußte allerdings den benachbarten Völkern Zutrauen gegen die Franzosen einflösen, indem sie doch ihres Eigenthums sich gesichert hielten und gegen alle Gewaltthätigkeiten geschützt zu seyn glaubten, so lange sie nicht selbst zu einiger Mißhandlung Anlaß geben würden. Allein die Befehlshaber der französischen Armeen handelten überall ganz anders, als sie versprochen hatten. Wir wollen dermalen nur kürzlich die Hauptzüge ihrer Handlungen entwerfen.

Als General Cüstine die deutsche Grenzfe-
stung Mainz durch Verrätherei in seine Hände
bekam, so wurde in der Kapitulation bedungen
und es war ein Hauptpunkt derselben, daß nicht
nur den Bürgern, sondern auch allen kuhrfürst-
lichen Bedienten zu allen Zeiten freistehen sollte,
mit ihren Familien und Habseligkeiten die Stadt
Mainz ohngehindert zu verlassen. Und da er mit
seinen Truppen schon wirklich Besiz von Mainz
genommen hatte, so ließ er eine Proklamation
ergehen, solche in der ganzen Stadt ausrufen,
auch öffentlich drukken und an allen Ekken anschla-
gen, des Innhalts: daß er im Namen der französischen Nation den Bewohnern von Mainz und
dasiger Rheingegend die Freiheit ankündige, so
und dergestalt, daß sie von ihrer bisherigen Landesherrschaft los wären und sich selbst eine neue
Verfassung verschaffen könnten, wie solche ihnen
am zuträglichsten schien. Merkwürdig ist der
Anhang, daß selbst in dem Fall, wann sie lieber
als Sklaven unter der Tyrannei ihres Despoten
leben, als sich in Freiheit begeben wollen, auch
dieses ihnen frei stehen sollte. Allein wie hielt er
Wort? die Begebenheiten, so sich in und um
Mainz zugetragen haben, sagen uns deutlich,
daß kein Kunstgriff, keine Intrike, kein Mittel,
so entehrend und niederträchtig es auch seyn mogte,
gespart worden, um die Mainzer und andre
Bewohner der Rheingegenden, welche laut erklärten, daß sie keine Klagen und Beschwerden wider

ihre Herrschaften hätten und ihnen ferner
unterthänig, auch bei der bisherigen Verfassung
bleiben wollten, zum Abfall zu bewegen. Da
aber alle Beredungsmittel fruchtlos blieben, so
schritt man zu ernstlichern und gewaltsamen Be-
weggründen. Wer nicht gutwillig sich zur französischen Constitution schlagen, nicht seiner vorigen
Herrschaft ab- und der neuen zuschwören wollte,
wurde als eine Person, welche der Freiheit gefährlich wäre, verbannt. Sie wurden gegen den aus-
drüklichen Innhalt der Kapitulation und gegen
die öffentlich ausgerufne Versicherung aus ihren
Wohnorten verwiesen, mußten Haus und Hof,
Haab und Guth, Weiber und Kinder, wann diese
nicht gleiche Gesinnungen hegten, zurüklassen und
als grobe Verbrecher, als Verräther des Vaterlands auswandern und außerhalb von den Wohl-
thaten ihrer Freunde leben. Ja diese Grausamkeiten erstrekten sich soweit, daß die zu Mainz
neu etablirte allgemeine Verwaltung die Ehen
derjenigen, wo die Ehegatten auf angezeigte Weise
sich trennen mußten, vernichteten und den rük-
bleibenden Ehegatten gestatteten, andre Verbindun-
gen einzugehen, welches auch von einigen geschehen ist. So erfüllte Cüstine in Mainz und das-
ger Gegend die Versicherungen der französischen
Nation und ihm selbst waren die Zusagen, die
in der Mainzer Kapitulation gethan und durch
öffentliche Proklamationen hatte ankündigen lassen,
so wenig heilig, daß er ohne einiges Bedenken,

ohne Furcht, seine Ehre oder öffentliche Treu und
Glauben zu verlezzen, gerade das Gegentheil von
allem dem ausübte, was er kurz vorher aufs
bündigste versichert hatte. Das heißt französische
Freiheit!

Gehen wir nun einige Schritte weiter und sehen, wie er sich auf der deutschen Seite des
Rheins betrug. Seine erste Ausflucht gieng nach
Frankfurt und der Willkomm, den er dieser blü-
henden Handelsstadt brachte, bestund darinn,
daß er 2 Millionen Brandschazung foderte. Sowohl der Magistrat als die Bürgerschaft geriethen
in Schrekken und Erstaunen über diese ganz un-
erwartete Forderung, wozu von Seiten der Stadt
auch nicht der entfernteste Anlaß war gegeben
worden und machten dagegen bewegliche und ein-
dringliche Vorstellungen, die aber ohne Wirkung
blieben. Doch suchte Cüstine diesen Umstand dazu zu benuzen, daß er die Bürger mit dem Magistrat und Vornehmen der Stadt zu entzweien,
somit innerliche Unruhe, Gährung und Empö-
rung der Untergebnen wider ihre Obrigkeit zu er-
regen suchte, indem er öffentlich verkündigen ließ,
daß diese Brandschazung nicht von den Bürgern,
sondern von den Adelichen, Klöstern, geistlichen
Stiftern und von denjenigen Fürsten und Herrschaften erhoben werden sollte, welche Besizungen
im Frankfurter Gebiet hätten. Allein hier ver-
fehlte Cüstine seinen Zwek, weil er den ächten

deutschen Biedersinn der Frankfurter nicht kannte.
Dann alle Bürger einmüthig verachteten diesen
Vorschlag und erklärten, daß sie sich nimmermehr
würden nachsagen und auf sich kommen lassen,
eine so unbillige Zumuthung ihrer weisen Obrigkeit zu thun. Und weil dann Custine auf seiner
ungerechten Forderung und Drohungen bestund,
so floß das Geld aus den Beuteln auch der ge-
ringsten und unvermögendsten Bürger und Tag-
löhner häufig in die Stadt-Kasse, um jener räu-
berischen Forderung ein Genüge zu leisten. So
handelte Custine zu Frankfurt nach Grundsäzzen
der französischen Freiheit!

Von Frankfurt wandte er sich an die benach-
barte Fürsten von Naßau-Usingen und Naßau-
Weilburg. Diesen gab er schriftliche Versicherungen, daß sie von ihm nichts zu befürchten haben sollten, aber in keiner andern Absicht, als
um den bezielten Raub desto sicherer zu erhaschen.
Dann nicht nur leerte er alle Herrschaftliche Kas-
sen und Frucht-Speicher aus, sondern er ließ
auch diesen beiden Fürsten gegen sein gegebnes
Wort vor ihren Augen alles Silberzeug, alle
Pferde und Wägen, alles Pferde-Geschirr mit
Sattel und Zeug, alles Gewehr, sowohl was
dem Reichs-Kontingent und Haustruppen gehörte,
als auch was die Fürsten besaßen und, dessen sie
sich zu ihren Jagdbelustigungen bedienten, weg-
nehmen. Sonst mußten auch in den heftigsten

Kriegen die Versicherungen eines Befehlshabers immer aufs heiligste gehalten werden und eine ganze Nation würde sich für entehrt gehalten haben, wann ein von ihrem angestellten Feldherrn feierlich gegebnes Wort wäre gebrochen worden; allein bei den Franzosen ist dermalen kein Versprechen mehr von einiger Gültigkeit, dann solche nicht zu halten, das gehört zur französischen Freiheit. Auch die Unterthanen dieser Fürsten, denen man Sicherheit für ihre Personen und Eigenthum zugesagt hatte, wurden hart mitgenommen. Sie mußten mit Tausenden an der Feste Kassel schanzen und man versprach ihnen Zahlung, allein diese erfolgte nicht. Sie mußten Heu, Hafer und Stroh in ungeheurer Menge liefern und man versprach solches zu bezahlen, allein dabei blieb es. Das heißt französische Freiheit! das heißt Friede den Hütten und Unterthanen!

Das Zweibrükker Land und die dem Herrn Grafen von der Leyen zugehörige Herrschaften, waren bisher selbst von der französischen National-Versammlung in besondern Schuz genommen und für neutral erklärt worden. Es schien auch anfänglich, als ob man die Unterthanen, welche sich auf alle Weise beeiferten, den Franzosen Gutes zu thun und ihre Freundschaft zu verdienen, schonen und freundschaftlich behandeln wollte. Allein diese Herrlichkeit dauerte nicht lange. Dann bei Annäherung der Preußen änderte sich die

Handlungsweise und die Franzosen nahmen nicht nur alle Herrschaftliche Kaffen, Speicher und Magazine in Beschlag und machten ungeheure Forderungen, für welche sie Geisel aus allen Ständen mitnahmen, sondern auch den Unterthanen wurden alle Früchte, alles Zug- und Melkvieh samt Fütterung weggenommen. Sie gaben also nunmehr ihre wahre Gesinnungen an den Tag, nemlich, daß der französischen Nation kein Wort, kein Versprechen mehr heilig ist, vermöge der Grundsäzze von Freiheit.

Der Fürst von Saarbrüllen hatte gleiche Versicherungen von der National-Convention, daß man mit seinem Betragen vollkommen zufrieden sei und ihm nichts Leids widerfahren solle. Demohngeachtet wurden nicht nur alle Landesherrliche Gefälle eingezogen, alle Frucht- und Geldvorräthe weggenommen, sondern auch das Privat-Eigenthum dieses Fürsten geraubt, alle Meublen, Effekten, Kostbarkeiten weggeschleppt, 40 Fürstliche Bediente nach Mez in Gefangenschaft geführt, seine Meiereien zerstört und die größte Grausamkeiten verübt. Er selbst konnte mit genauer Noth noch der Gefangenschaft entgehen. Das heißt französische Freiheit!

Bei seinen Unterthanen fanden die Franzofen gleich Anfangs viele Anhänger, ihre Constitution von Freiheit und Gleichheit fand bei denselben so

großen Beifall, daß sie schon mehrere Wochen vor
der Ankunft der französischen Kriegsvölker die
National-Kokarde aufsteckten, ihrem Fürsten den
Gehorsam aufsagten, Freiheitsbäume pflanzten,
hiernächst die ankommende Franzosen mit offnen
Armen empfiengen und der französischen Constitution sich aufs vollkommenste unterwarfen. Wahrscheinlich hoften und glaubten diese irregeführte
Menschen durch diese freiwillige Annahme der
französischen Verfassung eine gütliche und freund-
schaftliche Behandlung, Schutz für ihr Eigenthum
und Sicherheit für ihre Personen zu erhalten.
Allein die öffentliche Blätter und andre glaubhaf-
te Nachrichten haben uns belehrt, daß diese be-
trogene Leute auf eine unmenschliche Weise sind
behandelt und mitgenommen worden. Man hat
ihnen unerschwingliche Summen von Brand-
Schazung angesezt und dafür Geisel mitgenommen; man hat ihnen Früchte, Heu, Stroh,
Victualien, Better, Kleider, Leinzeug ꝛc. und
alles Vieh geraubt, so daß es ein entsezlicher
Jammer ist und unbeschreibliches Elend in diesem Land herrscht. Man hat in der Hauptstadt
Saarbrücken die Guillotine aufgestellt und schon
mehreren Unterthanen die Köpfe abgeschlagen,
weil man sie nicht für patriotisch hielt. So
handelten die Franzosen gegen diejenigen Deutschen, welche ihnen mit aller Freundschaft zuvor-
kamen, ihrer Constitution und Gesezen sich freiwillig unterwarfen und schon vor ihrer Ankunft

so ſtarke Progreßen im franzöſiſchen Patriotismus
gemacht hatten, daß ſie ihrem Fürſten den Gehorſam auffündigten und ſich für frei erklärten.
Sie haben ſie wirklich errungen die Freiheit,
nämlich die franzöſiſche Freiheit.

Die beide Orte in unſerer nahen Nachbarſchaft,
Breiſach und Kehl haben ſie zerſtört, nicht etwa,
um ſich Kriegs-Vortheile zu erwerben, nein!
nur um deren friedliche Bewohner ins Unglück
und Elend zu ſtürzen, welchen Zweck ſie auch er-
reicht haben. Das heißt Friede den Hütten und
Unterthanen!

Und wie giengs in Brabant? Ein unglückli-
ches Misverſtändniß hatte die zahlreichen Bewohner dieſer groſen Landſchaft mit ihrem erhabnen
Beherrſcher entzweit, ſo daß ſie endlich ſich em-
pörten und mit den Waffen in der Hand ſeinen
Anordnungen ſich widerſezten, und ſeine Herr-
ſchaftvon ſich abſchütteln wollten, allein ſie wurden durch eine gröſere Gewalt zu Paaren getrie-
ben und wieder zum Gehorſam gebracht, doch
war der Geiſt der Unruhe und des Misvergnü-
gens noch nicht ganz erſtickt. Nun tratten die
Zeiten der franzöſiſchen Revolution ein, und weil
die franzöſiſche Nation der ganzen Welt nicht nur
Freiheit ankündigten, ſondern auch Hülfe und
Unterſtüzung zuſicherten, wann ſie frei ſeyn wollten, ſo glaubten die Brabänter, dieſen günſtigen

Zeitpunct benuzen zu müßen. Sie wandten
sich deswegen an die National-Versammlung zu
Paris, suchten bei derselben Hülfe und erhielten,
warum sie baten. General Dümourier erschien
mit einer zahlreichen französischen Armee auf Nie-
derländischem Grund und Boden und machte sich
mit Hülfe der Landes-Einwohner, von welchen
jene als Schuzengel und Friedensboten, die vom
Himmel kamen, empfangen wurden, in kurzer
Zeit zum Herrn und Meister der mehresten Oe-
reichischen Länder. Aber wie bald änderte sich
nun die Gestalt der Sache? So bald Dumou-
rier festen Fus im Land hatte, so fieng er an,
nach französischer Weise die Kirchen, Klöster,
geistliche Stifter, Schlößer und Paläste zu plün-
dern und zu berauben. Er wollte die Geistlich-
keit und den Adel abgeschaft wißen, ihre Güter
für die Nation einziehen und die französische Constitution einführen. Die Brabänter mogten dagegen Vorstellung thun, wie sie wollten, sie wurden nicht damit gehört. Sie schickten eine De-
putation nach der andern nach Paris, und erin-
nerten die National-Versammlung an ihr Versprechen, daß sie keinem Volk eine Constitution
wider Willen aufdringen wollten, baten aufs
de- und wehmüthigste, ihnen zu erlauben, daß
sie sich selbst nach ihren Bedürfnißen eine Constitution machen dürften. Allein alles dies half
nichts, man fuhr fort, wie man angefangen hatte, die National-Versammlung versicherte, daß

es keine beßere Conſtitution gäbe und geben könnte, als welche aus ihrem Schooß geſtoßen wäre,
und erklärte, daß ſie alle diejenige, welche ſolche
nicht mit Willen annehmen, ſondern ſich dagegen
auflehnen würden, als Feinde des Reichs und
der menſchlichen Freiheit anſehen und behandlen
müßen. Nun erſt giengen den Brabäntern die
Augen auf, und ſie ſahen, daß ſie betrogen waren. Man hatte ihnen Freiheit verſichert, und
ſie in die tiefſte Sclaverei geführt. Eine ſolche
Lection hatten die rebelliſche Brabänter nöthig,
um wieder zu ſich ſelbſt und in die Schranken
der Ordnung zu kommen, und in der That hatte
ſie die beſte Wirkung. Dann nun ſuchten ſie
mit der demüthigſten Bitte Hülfe und Beiſtand
von ihrem rechtmäſigen Beherrſcher, der ſie auch
wieder zu Gnaden annahm, und ihnen die gebettene
Hülfe angedeihen ließ. Sie unterwarfen ſich
freiwillig dem Scepter ihres guten Regenten,
um vom Joch der franzöſiſchen Freiheit loszu-
kommen, zahlten nicht nur alle rückſtändige Abgaben, ſondern machten überdies noch anſehnli-
che Kriegs-Geſchenke, und bewaffneten ſich, um
die Tyrannen, bei welchen keine Treue und Glauben zu finden iſt, die nur auf Rauben, Plün-
dern und Unterjochung ihrer Nachbarn ausgehen,
von ihrem Grund und Boden und ihren Grenzen zu vertreiben.

Wie

Wie grausam und unmenschlich die Franzosen
bei ihrem neuern Einfall in die Pfalz und deutsche Länder am Rhein gehaußt haben; wie sie
den Einwohnern alles Vieh, Wein, Früchte und
Lebensmittel weggenommen; wie sie ungeheute
Summen von Brandschazung allenthalben durch
gewaltsamste Mittel aufgetrieben; wie sie be-
sondre Contributionen von Kleidungs-Stücken,
als: Hemder, Schuhe, Strümpfe, Beinkleider,
Hüthe mit Gewalt erpreßt und für alle ihre Fo-
derungen, wann sie nicht pünctlich erfüllt wurden, noch Geisel mitnahmen; wie sie wollene
und leinene Tücher zu Bekleidung der Soldaten
aus den Läden der Kaufleute weggenommen;
wie sie alle Herrschaftliche Schlösser in Brand
gesteckt und in Asche verwandelt; wie sie nach
allem diesem noch eine totale Plünderung vorge-
nommen, alle Mobilien und Effecten, die sie
nur fortbringen konnten, aus diesen Ländern auf
vielen 1000 Wägen' nach Frankreich fortgeschleppt;
wie sie so viele 1000 Familien sowohl in Deutschland
als selbst im Elsaß um ihr Haab und Guth und ganzes
Vermögen gebracht, so daß die, welche noch vor kurzem
im größten Reichthum und Wohlstand waren, nun
außer ihrem Vaterland gleichsam ihr Brod betteln müßen. — Das alles und noch mehrere
Verwüstungen von der Art, sind Euch nicht nur
aus den öffentlichen Blättern, sondern zum Theil
als Augenzeugen bekannt.

Dies, meine Freunde sind die Früchte, welche
der französische Freiheitsbaum ausser den Grenzen
Frankreichs bisher getragen hat. Ist es nun
richtig, was der weiseste und wahrhafteste Mann,
der je auf der Erden lebte, der Stifter unsrer
Religion und Sohn GOttes selbst uns gelehret
hat, daß ein guter Baum keine arge Frü
bringen könne, so müßen wir glauben und u
versichert halten, daß das französische System
von Freiheit ganz untauglich und dem menschli-
chen Geschlecht äusserst schädlich sei.

Aber vielleicht meine Freunde, ist dies nur
das Betragen der Franzosen gegen Ausländer;
vielleicht sind die Bewohner Frankreichs, welche
sich der neuen Constitution unterworfen haben,
glükliche Leute und geniesen alle die Vortheile,
welche die französische Nation an das System
ihrer Freiheit gebunden hat; vielleicht ist es Ra-
che der Nation, welche sie gegen die kriegfüh-
rende Mächte beweisen, die sich wider ihre Constitution auflehnen, daß sie solche Grausamkeiten
gegen ihre Unterthanen ausüben; vielleicht will
die französische Nation dadurch sich respectabel
und der ganzen Welt furchtbar machen; vielleicht
will sie eben dadurch das Glük der errungenen
Freiheit sich recht sichern. Diese und andre Ein-
wendungen könnte man vielleicht machen, um
ihr Betragen gegen Ausländer einigermasen zu
entschuldigen. Gesezt, sie hätten ihre Grausam-

keiten nur auf Ausländer eingeschränkt, so laſſen
ſich mit allem dieſem weder die verübte Unmenſch-
lichkeiten und Greuel aller Art noch die Verle-
zung der feierlich gegebenen Verſicherungen recht-
fertigen. Das Natur und Völker-Recht gebie-
tet, auch dem Feind das gegebene Wort zu halten. In deßen pünktlichſter Erfüllung haben von
jeher alle Nationen Ruhm und Ehre geſucht und
es für niederträchtig und entehrend gehalten, einen geſchloßnen Bund zu brechen. In der ganzen Geſchichte iſt kein Beiſpiel ſolcher Treuloſig-
keit zu finden, als die franzöſiſche Nation ſeit ihrer Revolution ſich hat zu Schulden kommen laſſen. Nur das neue Syſtem von franzöſiſcher
Freiheit hat ſolche Grundſäze aufgeſtellt und in
Vollzug gebracht...

Doch wenn wir nun die innere Verfaſſung von
Frankreich anſehen, wie ſie ſeit der Revolution
und ſeit angenommener Conſtitution von Freiheit
und Gleichheit ſich gebildet hat, ſo finden wir,
daß dieſe Nation auch in ſich ſelbſt die gröſte Ver-
heerungen angefangen, und von einer Stufe des
allgemeinen Sitten-Verderbens bis zur andern
und bis zur tiefſten Barbarei herunter geſunken iſt.

Vermöge der franzöſiſchen Freiheit wurden der
Geiſtlichkeit alle Güter, Gebäude, Gefälle und
Einkünfte weggenommen und den Prieſtern die
Beſoldungen entzogen; Vermög der franzöſiſchen

Freiheit wurden dem Adel nicht nur seine Würde und seine Rechte an den Unterthanen ohne Urtel und Recht weggenommen, sondern auch derselbe seines privativen Eigenthums beraubt; Vermög der französischen Freiheit beraubte und plünderte man alle Schlösser und Palläste der Vornehmen und Reichen und ließ sie meistens im Rauch aufgehen. Vermög der französischen Freiheit wurden viele tausend unschuldige Personen in die Kerker geworfen und viele 1000 andre eben so unschuldig gemordet. Vermög der französischen Freiheit hat man — o es schaudert mich, wann ich daran denke — Hand an den Gesalbten des HErrn gelegt, man hat dem König, dem besten unter allen Königen, die jemals Frankreich regierten und seiner erhabenen Gemahlinn mit dem Mordmeßer die Köpfe abschlagen laßen. Ueberall ist diese, Furcht und Schrecken erregende Mord-Maschine aufgestellt und beständig in thätiger Bewegung. Man rechnet, daß seit der Revolution schon 2 Millionen Menschen in Frankreich gewaltsamer Weise ums Leben gekommen sind und noch dermalen eine halbe Million in den Gefängnißen schmachte, vermög der französischen Freiheit; Die Reichen werden mit unmäßigen Contributionen belegt und solche mit Gewalt ausgepreßt und derjenige muß noch von Glück sagen, den man nicht seines Reichthums wegen zur Gouillotine schleppt, um sein Vermögen zur National-Casse einzuziehen, das heißt französische Freiheit. Der Wirth muß sein Getränk hergeben,

der Becker muß Brod backen, der Kaufmann muß
Waaren zur Bekleidung des Soldaten liefern,
ohne Vergütung dafür zu thun, alles vermög der
französischen Freiheit. Vermöge der französischen
Freiheit müßen alle Mannspersonen, welche Waffen zu tragen fähig sind, ins Feld dem Feind
entgegen ziehen. Der Mann wird von seiner
Gattinn und der Vater von seinen Kindern ge-
rissen, welche blos durch die Hände des Vaters
ernährt wurden und nun darben müßen. Ja es
ist so weit mit der französischen Freiheit gekommen, daß Eltern und Kinder, Ehegatten und Ge-
schwister nicht mehr vertraulich mit einander reden
können, aus Furcht vor der Gouillotine. Und
wer ist im Stand, alle die Greuelthaten zu nen-
nen und alle die Greuel-Scenen zu beschreiben,
die sich seit der Revolution in Frankreich ereignet
haben. Was aber diesem allem noch das Siegel
aufdruckt, ist das, daß sie die Religion und GOtt
selbst aus dem Reich verbannt und allen öffentlichen Gottesdienst abgestellt haben. Keine GOttes-
Tempel, keine Priester, keine Sakramente, kein
Tag des HErrn, keine GOttes-Verehrung ist
nicht mehr, sondern dies alles ist abgeschaft und
dagegen recht systematisch das alte Heidenthum
und der Götzendienst eingeführt, da man entwe-
der lebendige Creaturen, oder leblose Bilder in
den öffentlichen Tempeln, die ehemals zur Ver-
ehrung GOttes und Christi dienten, aufstellt,
sie verehrt und ihnen opfert.

Gewiß! wir haben in der ganzen Geschichte
von Anfang der Welt bis auf die gegenwärtige
Zeiten kein ähnliches Beispiel und keine Nation
ist ja von ihrer glänzenden Höhe, auf einmal so
tief herunter gesunken, als die französische Nation,
welche, nachdem sie schon vom Licht der christli-
chen Religion erleuchtet war, wieder in das Heidenthum zurükgefallen ist und recht systematisch
sich zu GOttesverläugnern, Religionsspöttern und
Götzendienern gemacht hat. — Dies meine Freunde ist das Glük, welches die Freiheit und Gleichheit der französischen Nation verschafft hat.

Aber bereits sind die Folgen dieser Constitution
allenthalben sichtbar. Viele 1000 Familien sind
schon ausgerottet; viele 1000 andere sind in das
gröste Elend gestürzt; noch viele 1000 andere
schmachten in den Gefängnißen; Das Reich ist
entvölkert; Handel und Wandel, Gewerbe und
Manufacturen liegen darnieder; Alle Industrie
ist erstikt, dann es ist ein Verbrechen, sich mehr
zu erwerben, als man zu seiner Nothdurft braucht;
das baare Geld ist verschwunden und Papier an
seine Stelle getretten; der Ackerbau liegt stille,
weil alle Hände mit Rauben und Stehlen, mit
Sengen, Brennen und Morden beschäftigt sind;
Die Werke der Kunst und des Fleißes, so wie
die Denkmale des Alterthums sind zerstört; ganze
Städte und Länder sind verwüstet; kein Vertrau-
en, keine Freundschaft ist mehr unter den nach-

ften Freunden und Verwandten zu finden; keiner
traut dem andern, jeder hält sein Herz ver-
schlossen; das ganze Reich liegt in der äußersten
Verwirrung und Gesezlosigkeit; die Nation ist
mit sich selbst im Streit; der innere Krieg dauert
fort; die Mord-Scenen häufen und vermehren
sich täglich; der Stärkere ist Meister und der
Schwächere muß die Sklavenketten des Stärkern
tragen; alles Gefühl von Recht und Gerechtigkeit
und Menschlichkeit ist verschwunden; und noch
ist all dieses Jammers und Elends kein Ende ab-
zusehen. Wer weis, was für üble Folgen noch
aus dieser allgemeinen Zerrüttung entstehen und
was für Elend die Franzosen sich noch selbst be-
reiten, dann man spricht schon wirklich davon,
daß eine allgemeine Hungersnoth in Frankreich
vor der Thür sei.

Dieses lieben Freunde ist das Glük der französischen Freiheit und Gleichheit. Dies ist das
große Glük, zu welchem die Stellvertreter der
französischen Nation alle Völker der Erde einlu-
den. Dies ist das Glük, um welches die französische Nation bei der ersten Gründung ihrer
neuen Verfassung Neid zu verdienen schien.

Aus allem dem nun, was die Franzosen seit
ihrer Revolution und seit Gründung ihrer neuen
Constitution, sowohl in ihrem eignen Reich, als
in benachbarten und angrenzenden Ländern ge-

than und sowohl gegen die, welche ihre Constitution willig annahmen und ihre Freundschaft suchten, als gegen die, welche sich dawider sträubten
und auflehnten, verübt haben, müssen wir überzeugt werden! erstens, daß die französische Constitution nichts tauge; zweitens, daß wir und alle
Einwohner disseits Rheins, wann wir das Unglük
erleben sollten, in die Hände der Franzosen zu ge-
rathen, kein anders Loos und Schiksal zu erwar-
ten haben, als unsre unglükliche Mitbrüder jen-
seits Rheins, in der Pfalz, im Mainzischen, im
Zweibrükkischen, Blieskastelischen, Saarbrükkischen
und selbst im Elsaß bereits haben erdulden müssen.
Und wann auch manche unter Euch vorhin etwa
der Meinung gewesen seyn mögen, daß man die
Franzosen durch zuvorkommende Freundschaft und
liebreiche Aufnahme für sich gewinnen und dadurch
Unglük und Unheil abwenden könnte, so werden
doch die vielen traurige Beispiele, welche vor unsern Augen liegen, hoffentlich nunmehr einen jeden,
der in diesem Punkt noch zweifelhaft war, aufs
vollkommenste überzeugen, daß wir uns von diesen
bösen Nachbarn, wann sie zu uns herüber kommen
sollten, schlechterdings nichts Gutes zu versprechen
haben, sondern, daß sie sich an unsern Personen
und Vermögen auf eine gewaltsame Art vergreifen
werden, indem sie von so vielen Herrschaften, Ge-
meinden und Einwohnern, die sich aufs freund-
schaftlichste gegen sie betragen und in ihre Arme
geflohen sind, auch nicht eine einzige verschont haben.

Bei so vorliegenden Umständen und Verhältnißen nun dringet sich uns von selbst die Frage auf: was wir zu thun und wie wir uns bei diesen Zeitläuften betragen sollen? Von vielen Betrachtungen, die sich hierüber machen ließen, will ich dermalen nur zwey zum Gegenstand wählen und meine Gedanken darüber eröffnen, nemlich: Erstlich, wie wir uns gegen die Kriegsvölker zu betragen haben, die in unsrer Gegend sich befinden? Zweitens, wie wir gegen uns selbst und unsre Obrigkeit uns betragen sollen? Bei dem ersten Punkt muß uns sogleich der Gedanke einkommen, daß wir bis daher noch von einem Ueberfall der Franzosen verschont geblieben sind, welche alle ihre Grenz-Nachbarn außer der Schweiz beunruhigt und die Einwohner auf unmenschliche Art behandelt haben. In Savoyen und Piemont, in die Gebiete des Pabsts und Königs von Sardinien, in Spanien, in die Oesterreichische und vereinigte Niederlande, ja selbst in das deutsche Reich sind sie mit bewaffneter Heersmacht eingedrungen und haben alle Gattungen von Greuelthaten ausgeübt, wovon ich oben schon Erwähnung gethan habe, nur unsre Gegend am Rhein war bisher noch verschont geblieben. Diese grosse Gnade und Glük haben wir zuförderst der alles regierenden Vorsehung zu verdanken und wir sind schuldig, dem höchsten Dank dafür zu opfern, aber nicht blos mit dem Mund und Lippen, sondern mit Thaten und Handlungen, die dem Herrn wohlgefallen. Da jedoch Gott heutiges Tags nicht

mehr mit Wundern unmittelbar wirket, sondern zu
Vollziehung seines gnädigsten Willens die schiklichste
Werkzeuge wählt, so hat er bisher ein tapferes
Oesterreichisches Kriegsheer uns zum Schuz geschikt,
um uns gegen unsre übermüthige und grausame
Feinde zu schüzen und zu bekken, welchen es auch
mit Gottes Hilfe bisher gelungen ist, diesen mäch-
tigen Feind von unsern Grenzen abzuhalten. In
den beschwerlichsten Jahrszeiten haben diese tapfre
Krieger Tag und Nacht für uns gewacht, für
uns gestritten und die größte Strapazen erdulbet,
ja selbst ihr Blut versprizt und ihr Leben aufge-
opfert, um zu verhüten, daß wir nicht, wie andre
deutsche Reichsunterthanen der Wuth und Grau-
samkeit der Franzosen ausgesezt und Preis gegeben worden. Wer unter Euch ist wohl ohne
Bewegung und Rührung geblieben, da er vor kurzem die Menge von Kranken und Verwundeten
aller Art, in der schlimmsten Jahrszeit und beschwerlichsten Witterung hier durch pafiren sahe?
Wer bei dem Anblik des Jammers und Elends,
welches diese Krieger zu dulden hatten, ungerührt
bleiben konnte, muß wirklich alles menschliche Gefühl verläugnet und verlohren haben. Und noch
mehr müssen wir von Mitleiden für unsre arme
leidende Mitbrüder durchdrungen werden, wann
wir in Erwägung ziehen, daß sie im Streit gegen
die unmenschliche Franzosen, mithin uns zum Besten, in den beiammernswürdigen Zustand mit
Verstümmelung ihrer Körper und Gliedmaßen sind

verfezt worden, in welchem wir fie erblikken mußten. Sagt nun lieben Bürger und Freunde und
urtheilet selbst, was hierbei Eure Schuldigkeit ist.
Ich hoffe, Ihr werdet alle mit mir dahin einver-
standen seyn, daß es nicht genug sei, mit kaltem
Blut wegen ihres Muths und Tapferkeit, diese
Krieger zu beloben, oder wegen ihrer großen Leiden mit frostiger Mine einige Worte des Mitlei-
dens fallen zu laffen, sondern, daß hier thätige
Mitwirkung nöthig sei, um diesen Streitern auf
alle Art ihre beschwerliche und gefährliche Lebens-
art zu erleichtern. Ihr müßt also nicht nur die
Last, welche mit dem Krieg und mit der Anwe-
fenheit unfrer Vaterlands-Vertheidiger unvermeid-
lich verbunden sind, ohne Murren tragen, nicht
nur gern und willig dasjenige leisten, was man
zu diesem Behuf an Euch fodert, sondern auch den
Kriegern, ein jeder nach seinem Verhältniß so viel
Gutes thun, als er nur kann. Ich kann nicht
bergen, daß ich immer mit Unwillen höre, wann
dieser oder jener, über Einquartierung, oder Kriegs-
dienste, oder Kösten, oder andre Lasten klaget und
sich beschwert, die er wegen des Kriegs empfinden
muß, da wir doch unserm Herr Gott nicht genug
dafür danken können, daß er uns bisher in so trüb-
seligen Zeiten so väterlich beschüzzet und bewahret
hat. Dann in der That will das nichts heißen,
was die Bewohner der hiesigen Gegenden bisher
gelitten haben und es verdient im Verhältniß gegen
andre kaum erwogen zu werden,

Um Euch zu überzeugen, daß Ihr Euch wegen
der bisher getragnen Kriegs-Ungemächlichkeiten mit
Billigkeit nicht beklagen könnt, will ich Euch solche
dermalen aus drei verschiednen Gesichts-Punkten
vorstellen und Euch dann selbst darüber urtheilen
lassen, nemlich erstens, im Verhältniß gegen die
Behandlung in vorigen Kriegszeiten; in Verhältniß,
gegen andre Grenz-Nachbarn der Franzosen und
deren Länder in dem jetzigen Krieg; und drittens
im Verhältniß gegen die Krieger selbst, welche sich
unter uns befinden. Gehen wir nun

Erstens in die vorige Zeiten zurük, deren
vielleicht einige unter Euch noch sich zu erinnern
wißen, als vor 60 und 50 Jahren die hiesigen
Gegenden zum Schauplatz des Krieges dienten,
so sehen wir, daß damals nicht nur alle Bedürf-
niße des Soldaten und Kriegs Gefolges an Holz,
Heu, Haber, Stroh, Mehl u. d. g. von den
Bewohnern der hiesigen Gegenden und Landschaf-
ten zusammen getragen und unentgeldlich in die
Magazine geliefert, sondern auch noch oben drein
den kommandirenden Officiren ansehnliche Zah-
lungen an baarem Geld geleistet werden mußten.
Nebst diesem mußten die Unterthanen mit Hand
und Fuhr die beschwerlichste Dienste leisten. Sie
mußten auf ihre eigene Kosten sich oft 20, 30
und mehrere Stunde weit von ihrem Wohnort
mit ihren Fuhren begeben, mußten mehrere Wochen und Monathe ausharren, bis man sie ihrer

Dienste entliese, so daß oft Mann und Fuhr zu
Grund giengen) und nicht wieder zurük kamen.
Oder wann sie so glüklich waren, wieder in ihre
Heimath zurük zu kommen, so war das Vieh
ausgehungert und abgemattet, Fuhr und Geschirr
ruinirt und verdorben und der Eigenthümer
brachte meistens einen kranken Körper nach Haus
und hatte inzwischen ein groses Kapital verzehrt
und sich in grose Schulden gestekt. Wie gar sehr
verschieden ist doch die izige Behandlung der Lan-
des Einwohner und Unterthanen von jenen in den
vorigen Kriegszeiten? Kaum verlangt man etwas mehr als Obdach für die Krieger. Kriegs-
bedürfnisse und Naturalien werden gar nicht gefodert, Hand- und Fuhr-Dienste nur in dem
Fall begehrt, wann die grösste Noth solche erfor-
dert, welche gemeiniglich unsre eigene Sicherheit
zum Zweck haben. Für die Fuhrdienste wird
sogar noch etwas bezahlt, das freilich wenig und
unbedeutend ist, aber doch immer so viel beträgt,
daß bei sparsamer Einrichtung zur Noth die
Zehrung davon kann bestritten werden. Es sind
also die jetzige Kriegslasten in Vergleich gegen
die vorige Kriegszeiten für nichts zu rechnen. Nun
vergleichet Euch

Zweitens mit den Einwohnern andrer Länder
und Gegenden, die in jetzigem Krieg sind heim-
gesucht worden und Ihr werdet finden, daß
ihr von dem eigentlichen Kriegs-Ungemach

noch sehr wenig empfunden habt. Erinnert Euch
an alle die Greuel von Verwüstungen und Zerstö-
rungen, welche in andern Ländern von den Franzosen sind angerichtet worden, deren ich oben Erwähnung gethan habe und welche sie, wie wir
durch öffentliche Blätter erfahren, noch täglich
und bei allen Gelegenheiten fortsetzen. Der Jammer und das Elend so vieler 1000 Familien ist
nicht zu beschreiben, denen man alles weggenommen hat und die nun mit Zurüklassung ihres
Vaterlands und Vermögens herumirren. Eltern
suchen ihre Kinder, Kinder die Eltern, ein Ehe-
gatte den andern, ein Bruder und Schwester
die andern und alle schmachten in Armuth, welche noch kurz vorher die angesehenste und reichste
Leute waren. Sie Betteln, Steuern und Al-
mosen von ihren Nachbarn, welche solches Kriegs-
Unglück noch nicht betroffen hat, um sich gegen
Hunger und Blöse zu schützen. Da sieht man
recht klar vor Augen, daß es GOtt leichte Sa-
chen sind, den Armen reich, den Reichen arm zu
machen. Ihr meine Freunde seyd noch nicht aus
Euren Wohnungen vertrieben, noch nicht
von Euren Familien getrennt, Eure Felder und
Saaten sind noch nicht zerstört, Eure Weinberge
noch nicht verwüstet worden, kein Obstbaum hat
durch des Krieges Ungemach Schaden gelitten,
Ihr seid Eures Vermögens noch nicht beraubt
worden, sondern unter dem Schutz von Oe-
sterreichs Kriegsvölkern bisher von allen diesen

Ungemächlichkeiten und Schaden noch bewahrt geblieben. Fern ist es also von Euch, über die unbedeutende Kriegslasten und Beschwerlichkeiten Euch beklagen zu wollen, die gegen alles das, was man zu vorigen Zeiten hat leisten müssen, und was in jetzigen Kriegszeiten andre Länder und deren Einwohner gelitten haben, in gar keine Betrachtung kommen. Willig und mit Freuden leistet alles, was diesen muthigen und tapfern Kriegern, denen Ihr nächst GOtt Eure bisherige Erhaltung zu verdanken habt, zur Erleichterung und Ermunterung dienen und ihnen neuen Muth zur fernern Vertheidigung des Vaterlands einflösen kann. Und dieses, nämlich die große Dienste, welche das Kaiserliche Kriegsheer Euch bisher geleistet und der große Vortheil, den Ihr aus ihrer Anwesenheit und Beistand gezogen habt, ist der:

Dritte Beweggrund, daß Ihr das nicht für Last, und Beschwerde achten sollt, was Ihr bisher wegen des Kriegs erlitten habt, oder noch ferner werdet leiden müssen, dann beides, nämlich die großen Dienste, die man Euch erwiesen, und die geringe Dienste, welche Ihr dagegen geleistet habt, stehen in gar keinem Verhältniß gegeneinander. Ihr Bürger von Lahr müßet besonders hiervon aufs bündigste überzeugt seyn, da Ihr wißt, was die Erhaltung solcher Männer kostet. Nur an 30 Männer, die Ihr zu

Haltung der Wachten an den Rhein schicket,
habt Ihr für 14 Tage über 400 Gulden zahlen
müssen. Nun überlegt einmal, wie viele tausend
in den Waffen geübte Krieger schon zwei Jahre
lang die beschwerlichste Dienste geleistet haben.
Nicht blos Wachten haben sie gehalten, sondern
sind gegen den Feind zu Feld gezogen, haben
viele Wochen, Tag und Nacht in Hize und Kälte
unter freiem Himmel ausgehalten, und alle Ungemächlichkeiten des Wetters erduldet. Allen Gefahren des Lebens haben sie sich ausgesezt, ihr
Blut versprizt und sich zu Krüppeln schiessen lassen, während als Ihr bei Euren Familien derjenigen Ruhe genoßet, die sie für Euch erkämpften.
Und was wird Ihnen für alle diese Mühseligkei-
ten, Strapazen, Gefahren und Leiden, welche
dieselbe für Euch übernommen und ausgestanden
haben und noch ferner erdulten müßen? Ach!
ein geringer Lohn, welcher der geringste Taglöh-
ner nicht annehmen würde, wann er in der größten Ruhe und Bequemlichkeit eine unbedeutende
Hand-Arbeit verrichten soll. Ein jeder sollte sich
beeifern, diesen Männern, die bisher unsre Schuz-
Götter waren, auf alle Art Gutes zu thun. Es
kann ihnen gewiß keine Ermunterung zu fernerem
Kampf und Streit seyn, wenn man sie mit Unwillen beherbergt, ihnen Erquickungen versagt,
die wir von unsrem Ueberfluß ohne Beschwerlich-
keit abgeben können, oder ihnen sonst mit Un-
freundlichkeit und Härte begegnet. Ist Jemand

in

in der Welt, der unsre Hülfe und Unterstützung
verdient, so sind es gewiß diese Krieger, welche
unser Eigenthum beschützen und in Sicherheit erhalten.

Hierher gehört dann auch besonders, daß man
alles beitrage, um denselben diejenige Ruhe zu
verschaffen, welche von den Kriegs-Befehlshabern
ihnen ist zugesichert worden, um bei eintrettendem
Frühjahr mit erneuertem Muth und Kräften in
das Feld zu ziehen und dem Feind sich entgegen
stellen zu können. Seht es also nicht für be-
schwerend und drückend an, daß man Euch auf-
gefodert hat, die Wachten am Rhein mit zu halten. Sie sind nöthig zur Erleichterung des Soldaten, um ihn diejenige Ruhe genießen zu laffen,
die er nicht nur zu seiner Erholung und zu Sam-
lung neuer Kräfte sehr nöthig, sondern auch durch
beschwerlichen Streit, Feldzüge, ausgestandne
Strapazen und Gefahren so sehr verdient hat.
Und man hat ja von Euch bis hierhin noch nichts
weiter gefordert, als diese Wachten. In den
meisten andern Grenzländern von Frankreich haben die Einwohner sich freiwillig dazu erboten,
ja sie haben sich sogar bewaffnet und sind gegen
den grausamen Feind ausgezogen, um ihren Heerd,
Weib und Kinder zu vertheidigen. Laßt Euch
also nicht von andern Völkern übertreffen, noch
dahinten finden, sondern zeigt und beweißt mit
der That, daß Ihr auch deutschen Bidersinn

C

habt! Zeigt daß noch deutsches Blut in Euren
Adern wallt! Und wann es der unmenschliche
Feind wagen wollte, den deutschen Boden zu be-
tretten, so sezt Euch mit vereintem Muth und
Kräften entgegen und sucht ihn von Euren Grenzen abzuhalten. Ihr seid es Euch, Euren Familien, Eurem Vaterland schuldig und müßt,
wann Gefahr vorhanden ist und die Kräfte der
für Euch streitenden Krieger zu schwach seyn sollten, nicht die ganze Last auf ihren Schultern allein ruhen lassen, daß sie darunter erliegen müßen,
sondern thätige Hülfe leisten, um Euch und den
Eurigen, Sicherheit und Ruhe zu verschaffen und
zu erhalten.

Bisher meine Freunde hab' ich meine Gedanken von der ersten Pflicht eröffnet, die Euch bei
gegenwärtigen Kriegszeiten obliegt, nämlich alle
Lasten und Beschwerlichkeiten, die damit verbunden
sind, gern und willig zu tragen und die Krieger,
die für Euch, Eure Familien und Euer Eigenthum streiten, auf alle Weise und nach allen
Kräften, so viel an Euch ist, thätig zu erleichtern
und zu unterstützen.

Ich wende mich nun zu der zweiten Pflicht,
nämlich, wie wir uns gegen uns selbst und unsere
Obrigkeit verhalten sollen? Da es uns so ganz
klar und deutlich vor Augen liegt, daß die französische Reforme nichts als Unheil und Unglück über

die französische Nation und ihre angrenzende Nachbarn gebracht hat, da im ganzen Reich und wo die Franzosen hingekommen sind, nichts als Zerrüttung und Zerstörung, Mord und Brand. Die Folgen dieser neuen Constitution waren, so sagt uns schon die gesunde Vernunft, daß wir ihrem Beispiel, das so traurige Folgen nach sich zieht, nicht nachahmen, mithin keine neue Verfassung suchen, sondern bei der alten bleiben sollen. Hütet Euch also vor aller Neuerungssucht, dann alle Neuerungen sind gefährlich und meistens schädlich, dies ist schon von den ältesten Zeiten her durch Erfahrungen erprobt; Keine Regiments-Verfassung in dieser Welt ist ohne Fehler, dann sie sind alle nur Menschen-Werke. Aber eine von langen Zeiten her bestehende Verfassung deswegen umzustoßen und mit Stumpf und Stiel auszurotten, weil man glaubt, bei einer andern Einrichtung glücklicher zu seyn, das ist wahrer Unsinn. Der Eigenthümer eines Gebäudes, das sonst noch so gut und dauerhaft, ist, würde von Jedermann mit Recht getadelt werden, wenn er um einiger Unbequemlichkeiten willen, die sich darinnen finden, das ganze Gebäude vom Boden abreißen und so lange, bis das neue Gebäude, das ihm mehrere Gemäch. lichkeit gewähren soll, fertig ist, sich mit seiner Familie unter freiem Himmel lagern wollte. Und dies ist ganz eigentlich der Fall, mit der französischen Regierungs-Form. Weil die alte

franzöſiſche Verfaſſung fehlerhaft war, ſo wurde
beſchloſſen, eine neue zu ſchaffen; ehe ſie aber
fertig und das Volk daran gewöhnt war, wurde die vorige ganz aufgehoben, woraus dann
nichts anders als eine allgemeine Verwirrung
und Zerrüttung entſtehen konnte, wie ſie wirklich
in ganz Frankreich eingeriſſen iſt. Eine jede ge-
ſellſchaftliche Verbindung, ſie ſei an welchem Ende der Welt ſie wolle, erfodert zu ihrer Exiſtenz
nicht nur Ausgaben und Aufwand, wozu die
Glieder der Geſellſchaft die Koſten zuſammenſchie-
ſen müſſen, ſondern auch Geſetze, durch welche
auf der einen Seite zwar unſere natürliche Freiheit eingeſchränkt wird, wogegen wir aber auf
der andern Seite doppelten Vortheil erhalten,
daß wir in Anſehung unſrer Perſonen und Ei-
genthums-Ruhe und Sicherheit genieſen und gegen alle Gewalt und Unrecht geſchützt ſind. Mithin iſt diejenige Verfaſſung ohnſtreitig die beſte,
zu deren Erhaltung die Glieder der Geſellſchaft
die wenigſte und geringſte Abgaben entrichten
müſſen und bei welcher ſie in Anſehung ihrer
Handlungen am wenigſten eingeſchränkt ſind. In
dieſem doppelten Betracht nun glaub' ich mit
Zuverläßigkeit behaupten zu können, daß in ganz
Deutſchland und vielleicht in ganz Europa keine
Stadt oder Gemeinde exiſtirt, welche eine ſo
glükliche Verfaſſung hat, wie die Stadt Lahr.
Eure Abgaben an die Landesherrſchaft iſt eine
unbedeutende Kleinigkeit. Ihr ſeyd frey von allen

perſönlichen Dienſten und leiſtet der Herrſchaft
weder Hand- noch Fuhr-Frohnden. Die Geiſt-
liche, welche Euern Gottesdienſt verſehen und die
Lehrer, welche Eure Jugend unterrichten, werden
erhalten und beſoldet, ohne daß ſie Euch etwas
koſten, oder doch iſt Euer Beitrag ganz gering
und unbedeutend. Kirchen und Pfarrhäuſer werden gleichfalls aus öffentlichen Stiftungen derge-
ſtalt erbaut und erhalten, daß Ihr weder Hand-
noch Fuhrdienſt dazu leiſtet. Ihr habt zu Eurer
ganzen politiſchen Exiſtenz keine andre Unkoſten,
als daß Ihr Eure gemeine Diener beſoldet, Eure
gemeine Gebäude, Brücken und Straſen erhaltet.
Und hierzu hat Euch noch die Landesherrſchaft
den Ihr zugehörig geweſenen Zoll ganz und von
dem ihr zuſtändigen Ohmgeld die Hälfte ange-
wieſen, welche beide Artikel daßjenige, was Ihr
der Landesheerſchaft entrichtet, mehr als dreyfach
überſtiegen, ſo daß dieſe nicht allein nichts von
Euch empfängt, ſondern im Gegentheil noch jähr-
lich etliche tauſend Gulden Eurer Gemeinds-Caſſe
zufließen läßt. Sagt mir, Ihr Lahrer Bürger,
wo iſt in der Welt eine Gemeinde, wo ein Ort
zu finden, der ſolche Freiheiten, ſolche Vortheile
genießt? Ueberlegt dieſes alles wohl und dann
urtheilet, ob es möglich ſei, daß Ihr eine andre
Verfaſſung erhaltet, bei welcher Ihr glücklicher
ſeyn könnet? und ob Ihr Urſache habt, eine
andre Verfaſſung zu wünſchen und Euch darnach
zu ſehnen? denkt hierbei an das Beiſpiel der
Brabänter!

Ich hätte bei dieser Gelegenheit Anlaß, wegen des unseligen Processes, den Ihr gegen Eure Landesherrschaft und gegen einander selbst führet, wieder passende Ermahnungen an Euch ergehen zu lassen. Allein da ich in vorigen Jahren lange und oft genug davon geredet, da ich Euch von den üblen Folgen zu überzeugen gesucht habe, welche dieser innere Krieg für Euch und Eure Kinder nach sich ziehen muß; da ich alles angewendet habe, um Euch auf andre Wege zu bringen; da aber alles dieses nichts gefruchtet hat, so muß ich denken, daß die Sache zur Besserung noch nicht reif sei. Alles hat seine Zeit, sagt Salomo, zum Laufen hilft nicht, schnell seyn, zum Reich werden hilft nicht, Klug seyn. Ich enthalte mich also etwas weiter davon zu reden und überlasse alles geduldig der Zeit. Nur eine einzige Erinnerung kann ich nicht umhin, wegen dieses Punkts zu machen. Da Ihr so vielen gutgemeinten Ermahnungen zum Frieden kein Gehör gegeben habt; Da Ihr alle Euch gemachte Anerbietungen und Anträge verschmähet und verworfen habt; da Ihr die Versicherungen, welche Euch die Landesherrschaft hat geben lassen, daß sie im Weg der Güte Euch mehr einräumen wolle, als Ihr jemals durch Processe gewinnen könnet, verachtet habt; da Ihr starrsinnig drauf bestanden seyd, daß Ihr Eure Rechte nicht von Eurem Fürsten, sondern von dem höchsten Reichs-Gericht wollet bestimmen lassen; so fürchte ich,

daß der günstige Zeitpunkt für Euch, da alles zu
Eurem Vortheil gestimmt war, versäumt und
unwiederbringlich verlohren sei. Wahrscheinlich
werdet Ihr vom höchsten Reichs = Gericht, auf
dessen Entscheidungen und Verfügungen Ihr Euch
beruft, bald eine Weisung erhalten, die mehr auf
Euch wirkt, als obrigkeitliche Belehrungen und
Ermahnungen. Zu spät werdet Ihr alsdann,
wann die Sache nicht mehr zu ändern ist, zu
der von Euch verschmähten Gnade Eures Lan-
des zu eurer Zuflucht nehmen. Er wird Euch
alsdann vielleicht mit Wehmuth und Bekümmer-
nis seines Herzens sagen und antworten: „O
„Ihr Lahrer, Ihr Lahrer, die Ihr verachtet
„meine Diener und verschmähet die zu Euch ge-
„sandt sind, wie oft, wie oft hab' ich Euch
„meine Gnade angeboten, wie oft hab' ich
„meine Landesväterliche Arme nach Euch aus-
„gestreckt, und Euch in dieselbe einschliessen, Euch als
„meine geliebte Kinder in meinen besondern Schutz
„nehmen wollen, wie eine Henne versammelt
„ihre Küchlein unter ihre Flügel, aber — Ihr
„habt nicht gewollt.“ Wann dann Euer
eigener Wille vollzogen wird, wann Ihr nach
denjenigen Kammergerichtlichen Verfügungen und
Verordnungen behandelt werdet, die Ihr selbst
sehnlichst gewünscht, erbeten und ausgewürkt
habt; wann Ihr in beschwerliche, mißliche, pein-
liche Lagen kommt, aus welchen Euch Niemand
helfen kann, wann Ihr alsdann seufzt und weh-

klagt, wann Ihr bei Eurem Landesherrn zu spät Hülfe und Rettung sucht, so wird Er Euch sagen müßen: „Israel, daß du verdirbst, das ist deine eigne Schuld. "

Wer Ohren hat zu hören, der höre!

————————————————